Bibliografische Information der Deutschen Nationalbibliothek:

Die Deutsche Bibliothek verzeichnet diese Publikation in der Deutschen National-bibliografie; detaillierte bibliografische Daten sind im Internet über http://dnb.d-nb.de/ abrufbar.

Impressum:

Copyright © 2016 GRIN Verlag, Open Publishing GmbH
Druck und Bindung: Books on Demand GmbH, Norderstedt Germany
ISBN: 9783668318380

Dieses Buch bei GRIN:

http://www.grin.com/de/e-book/341802/paedagogischer-umgang-mit-kindertraeumen

Alina Schramm

Pädagogischer Umgang mit Kinderträumen

GRIN Verlag

GRIN - Your knowledge has value

Der GRIN Verlag publiziert seit 1998 wissenschaftliche Arbeiten von Studenten, Hochschullehrern und anderen Akademikern als eBook und gedrucktes Buch. Die Verlagswebsite www.grin.com ist die ideale Plattform zur Veröffentlichung von Hausarbeiten, Abschlussarbeiten, wissenschaftlichen Aufsätzen, Dissertationen und Fachbüchern.

Besuchen Sie uns im Internet:

http://www.grin.com/

http://www.facebook.com/grincom

http://www.twitter.com/grin_com

Pädagogischer Umgang mit Kinderträumen

Alina Schramm

Inhaltsverzeichnis

Einleitung

Diese Facharbeit thematisiert den pädagogischen Umgang mit Kinderträumen. Es sollen die Fragen beantwortet werden,

- wie Eltern die Träume ihrer Kinder verstehen,
- einordnen sollten und
- diesen begegnen können.

Sowohl die meisten tiefenpsychologischen Schulen (zum Beispiel die Theorien nach Freud und Jung) als auch die moderne Schlafforschung, die den Schlafphasen (REM- und NONREM-Schlaf) unterschiedliche Traumerscheinungen zuordnet, sind sich darin einig, dass der Mensch träumen muss, um sich besser an die an ihn gestellten Forderungen anpassen zu können. Träume sind damit notwendig für das innere Gleichgewicht des Träumenden und für die Aufrechterhaltung seiner psychischen Funktionen. Gleichzeitig haben Träume immer auch konfliktlösenden Charakter. Auch oder insbesondere **Kinderträume** sind hiernach wichtig zu nehmen, sie bereiten die Kinder auf das Alltagsleben vor und helfen dabei, Kinder und Ihr Verhalten und Erleben besser zu verstehen. Umso trauriger ist es, dass die Bedeutung von Kinderträumen bis ins 20. Jahrhundert unterschätzt wurde.

In meiner Arbeit möchte ich insbesondere auf die Möglichkeiten eingehen, wie Eltern auf die Träume ihrer Kinder reagieren und sie im täglichen Umgang mit dem Kind sinnvoll nutzen können. Hierbei konzentriere ich mich ausschließlich auf das Alter bis etwa zehn Jahre - Träume der Heranwachsenden sollen unberücksichtigt bleiben. Für ein besseres Verständnis stelle ich zunächst vor, wie sich das Traumverhalten und die Trauminhalte in Abhängigkeit vom Alter entwickeln und verändern. Im Weiteren sollen Ansätze für den Umgang mit Kinderträumen aufgezeigt werden, aber auch die Möglichkeit, Albträume durch luzides Träumen in den Griff zu bekommen.

Wichtig hierbei ist: Träume müssen immer unter Berücksichtigung der jeweiligen Lebensgeschichte/-situation gewertet werden. Auf die psychotherapeutische Behandlung von Kindern möchte ich nicht eingehen, das heißt ich möchte nur auf Träume von Kindern eingehen, die in einem „normalen" Umfeld leben, folglich nicht auf Träume, die krankheitsbedingt sind (das heißt keine psychischen Störungen, durch Trauma ausgelöste Albträume, keine Berücksichtigung von Kindern, die aus Kriegsgebieten stammen).

1. Der Kindertraum - Bedeutung für die Kinderanalyse

1.1 Kindertraum und Traumdeutung nach Sigmund Freud

Die Traumdeutung nach Freud umfasst sowohl die „topographische" Theorie, als auch die 1923 hinzugekommene „Strukturtheorie" - zwei Theorien, die sich gleichen, aber nicht miteinander vereinbaren lassen. Nach Freuds **topographischer Theorie**, der er stets die größere Bedeutung beigemessen hat, handelt es sich bei einem Traum um den „Versuch einer Wunscherfüllung"[1] - um unbewusste, an ein Vortagesereignis anknüpfende Wünsche, die „von der Zensur daran gehindert werden, im Wachleben ins Bewusstsein oder auch nur ins Vorbewusste zu gelangen, verstärkt werden und so den Drang nach Ausdruck gewinnen"[2]. Nach dieser Theorie reduzierte Freud die Wünsche jedoch ausschließlich auf „Triebwünsche aus den frühesten Kindheitsstadien"[3], die schlichtweg nicht in das Bewusstsein gelangen können. Bei seiner später aufgestellten, weniger beachteten, **Strukturtheorie** - bei der Ich, Es und Über-Ich Beachtung finden -, steht eine Innenwelt (vom Es stammende Triebansprüche) einer Außenwelt gegenüber. Nicht zuletzt, weil Freud Kinderträume bis zum fünften Lebensjahr lediglich als zu kurze, „simple, unverkleidete Wunscherfüllungen" verstand und Kinder sogar mit niederen Tieren verglich, ließ er die Besonderheiten von Kinderträumen unbeachtet, reduzierte hier auf seine topographische Theorie und richtete sein Interesse nur darauf, zu einem tieferen Verständnis des Erwachsenentraumes zu gelangen.

1.2 Geschichtliche Bedeutung des Kindertraumes

Dem Kindertraum wurde in der Psychoanalyse lange Zeit wenig Bedeutung beigemessen. Dies begründete man damit, dass Kinder

a) ungern über Träume berichteten und sich

b) nach psychoanalytischer Auffassung „Trieb-abkömmlinge, Impulse und Wünsche auch im freien Spiel, in bewussten Phantasien und in Tagträumen äußerten", so dass letztlich keine Notwendigkeit für die Beachtung von Kinderträumen bestehe[4].

Ausführlicher setzte sich beispielsweise C.G. Jung bereits 1909 mit dem Kindertraum und seiner Bedeutung auseinander. Er verstand den Traum als ein

[1] Hans Hopf: Träume von Kindern und Jugendlichen, Stuttgart 1. Auflage 2007, S.19
[2] Hans Hopf, 2007, S.19-23
[3] Hans Hopf, 2007, S.19
[4] Hans Hopf, 2007, S.24 ff.

„natürliches Phänomen, das keiner Absicht entspringt und mit keiner Psychologie des Bewusstseins erklärt werden kann", als eine „spontane Selbstdarstellung der aktuellen Lage des Selbst in symbolischer Ausdrucksform[5]. Nach Jung liegt jedem Traum eine Struktur zugrunde, die dem Schema eines Dramas mit Einleitung, Exposition, Peripetie, Katastrophe oder Lysis (Lösung) entspricht. Hierbei verhalten sich Träume kompensatorisch zur jeweiligen Bewusstseinslage, das heißt es werden genau die Elemente angegliedert, die am Vortag unterschwellig geblieben sind, weil sie verdrängt worden waren, unbeachtet blieben oder zu schwach waren, um das Bewusstsein zu erreichen. Erst 1955 führte Erikson die Freudsche Strukturtheorie und ich-psychologische Aspekte in die Traumanalyse ein[6], wonach der Kindertraum für Diagnose und Therapie an Bedeutung gewann.

[5] Hans Hopf, 2007, S.31
[6] vgl. Hans Hopf, 2007, S.28

2. Kinderträume in den jeweiligen Entwicklungsphasen

Besondere Schwierigkeiten beim Umgang mit Kinderträumen ergeben sich daraus, dass das Kind sich zunächst überhaupt an einen Traum bewusst *erinnern* können muss, um diesen dann im nächsten Schritt *formulieren* zu können. Über den Inhalt von Kinderträumen erfahren wir, auch wenn bereits im Säuglingsalter geträumt wird, naturgemäß also erst frühestens zwischen dem ersten und zweiten Lebensjahr (Piaget zum Beispiel siedelt die untere Grenze der Verbalisierungsfähigkeit um den Beginn des zweiten Lebensjahres an). Hinzu kommt nach Hamburger, dass „Kinder zu träumen lernen, wenn wir ihre Träume für sinnvoll halten" [7], das heißt je mehr sich Eltern in die Gefühlswelt der Kinder einzufühlen vermögen, desto größere Bedeutung erlangen Kinderträume und eröffnen damit neue Wege.

Dies scheint sich aus Erfahrungen in meiner eigenen Familie zu bestätigen: Ein Elternteil wurde in der Kindheit niemals nach Träumen gefragt - dem Träumen wurde keine Bedeutung beigemessen, so dass auch bis heute im Erwachsenenalter kaum Erinnerung an nächtliches Träumen vorhanden ist. Bei dem anderen Elternteil wurde dem Geträumten schon als Kind großes Interesse entgegengebracht - hier ist heute als Erwachsener ein lebhaftes Träumen mit großer Erinnerung in der Wachphase gegeben. Hier wurde das Träumen „gelernt" und ermöglicht einen besonderen Zugang zur Persönlichkeit.

Thema, Inhalt und Handlung der Kinderträume richten sich nach den jeweiligen Entwicklungsphasen der Kinder, entwickeln sich also gemäß den kognitiven Veränderungen des Wachlebens der Kinder. So träumt zum Beispiel ein siebenjähriges Kind ganz anders als ein Fünfjähriges. Hinzu kommt, dass Kinder erst ab dem siebten Lebensjahr in der Lage sind, einen Traum als „innenseelisches Geschehen" zu verstehen (das heißt als etwas zu erkennen, was nur in ihrem Inneren passiert), anstatt diesen - wie zuvor - der äußeren Realität zuzuordnen. [8] Etwa im Alter von vier Jahren erkennen die Kinder, dass ihre Träume nicht von anderen gesehen werden können, mit sechs Jahren, dass die Träume in ihnen selbst stattfinden. Doch erst vom siebten bis zum neunten Lebensjahr ist das Kind in der Lage, Träume als *Gedanken* zu erfassen, das heißt Traum und Wirklichkeit (Wachleben) zu unterscheiden.

Kinder träumen intensiv in Bildern und Symbolen, die sie intuitiv verstehen. Märchenfiguren und Tiere sind ein häufiges Traumthema. „Kinder können sich noch nicht mit ihren eigenen Konflikten auseinandersetzen, sie brauchen dazu Symbolfiguren" [9]. Kinder projizieren hierbei ihre Vorstellungen auf die Tiere. Hier steht zum Beispiel das Krokodil für Aggression, der Hase für Angst oder Schafe

---

[7] Hans Hopf, 2007, S.52
[8] vgl. Hans Hopf, 2007, S.53 ff.
[9] Hans Hopf, Kinderträume verstehen, Frankfurt am Main 2.Auflage 2016, S.76

für das Bedürfnis nach Nähe. In allen Altersstufen kommen gefährliche Tiere vor: 61% der Vierjährigen, 39% der Fünf- und Sechsjährigen und 16% der 13-14-jährigen träumen von Tieren (zum Vergleich: bei Erwachsenen sind es nur noch 7,5%) [10]. Mit zunehmendem Alter reift die Symbolisierungsfähigkeit, so dass mit und mit ein Austausch der Tiersymbole durch andere Symbole erfolgt.

2.1 Träume der Kinder (bis 5 Jahre) und im Vorschulalter (6-7 Jahre)

Träume von Kleinkindern verlaufen - den anderen geistigen Fähigkeiten entsprechend - einfach und frei von Emotionen. Dies bestätigen auch Untersuchungen im Schlaflabor[11]. Geträumt wird von bekannten Situationen, Sorgen und Interessen, die das Kind vom Wachsein her kennt. Das Träumen knüpft häufig an das Tageserlebnis an und setzt beispielsweise Handlungen nach den Vorstellungen der Kinder fort, die dem Kind nicht in der Realität, wohl aber im Traum erfüllt werden, wodurch es erfährt, dass es sich - wenn zunächst auch nur im Traum - auch selbst Wünsche gegen den Willen zum Beispiel der Erwachsenen erfüllen kann. Insofern dient der Traum als Wunscherfüllung und hilft so dem Kind ein inneres Gleichgewicht herzustellen. Durch das Träumen kann das Kind sich mit dem Konflikt zwischen Abhängigkeit (denn es muss in der Realität ja dem Willen der Eltern folgen) und Autonomie (Welchen Wunsch hatte das Kind?) auseinandersetzen und diesen zunächst befriedigend auflösen. Im Alter von fünf oder sechs Jahren bekommt der Traum eine einfache Handlung, wobei das Kind sich als Beobachter erlebt.

Auch Angstträume spielen leider schon bei kleineren Kindern eine große Rolle. Da das Kind (wie oben dargestellt) bis zum siebten Lebensjahr noch keine Unterscheidung zwischen Traum und Realität vornehmen kann, sind für sie Angstträume besonders erschreckend. Mädchen und Jungen träumen unterschiedlich: Untersuchungen zeigen, dass Mädchen träumen, dass sie gejagt und bedroht werden, während Jungen in ihren Träumen eher Angst vor Räubern und Einbrechern haben. Verbalisierte Angstträume bieten den Eltern eine gute Möglichkeit, die Ängste des Kindes für dieses beherrschbar zu machen, die Ursachen für die Ängste durch den Bezug zum Tagesgeschehen/-erleben zu erkennen und zu nehmen.

Nur kurz möchte ich hier ein Beispiel eines vierjährigen Mädchens namens Eva geben, das von einem angsteinjagenden, einem Warzenschwein ähnlichen Tier träumte, welches ein Fass um den Körper herum trug[12]. Durch das Erzählen des Traumes wurde der Mutter der Bezug zum Tageserleben Evas deutlich: Das Fasstier, das Eva auf Vorschlag ihrer Mutter malte, hatte Ähnlichkeit mit einem von Evas Bilderbuchfiguren, einem Warzenschwein, das mit seiner Situation

---

[10] vgl. Hans Hopf, 2007, S.79
[11] vgl. Hans Hopf, 2007, S.56
[12] vgl. Hans Hopf, 2007, S.61 ff.

unzufrieden war und mit dem diese sich identifizierte. Eva gefiel sich in ihrer Rolle als liebes, kleines Mädchen nicht, fühlte sich aufgrund ihres Geschlechts minderwertig und empfand sich im Vergleich zu ihren Brüdern nicht als etwas Besonderes. Zusätzlich fühlte sie sich durch die Erwartungshaltung der Eltern an sie zu sehr eingeengt. Da Eva Traum und Wirklichkeit in ihrem Alter noch nicht unterschied, konnte zumindest die große Angst des Mädchens durch das bloße Zerreissen des gemalten Fasstieres durch sie beherrschbar gemacht werden - das gefährliche Fasstier war für Eva mit dem Zerreissen vernichtet worden. Das eigentliche Problem Evas konnte durch dessen Bewusstmachung durch das Träumen ebenfalls im Folgenden gelöst werden.

In vielen Kinderträumen spielt auch die Angst vor Liebesverlust eine große Rolle. Nach Hopf ist es „die größte Angst eines jeden Kindes, die Liebe seiner Eltern zu verlieren" [13].

2.2 Träume der Schulkinder (7-10 Jahre)

Die Einschulung stellt eine gewaltige Veränderung im Leben der Kinder dar. Ist das Kind noch nicht ausreichend abgenabelt von den Eltern, können Trennungsängste ein ganz wichtiges Thema in dieser neuen Lebensphase sein. Die Träume der Kinder im Schulalter werden deutlich länger, strukturierter und beinhalten eindrucksvolle Symbole. Obwohl „Schulkind sein" Selbstständigkeit bedeutet und das Kind beginnt, sich immer mehr nach außen zu orientieren, spielt hauptsächlich der häusliche Bereich eine zentrale Rolle in den Träumen. Träume, die von der Außenwelt handeln, kommen nicht so häufig vor, wie man vielleicht aufgrund des fortschreitenden Ablösungsprozesses annehmen würde. Träume mit Eltern oder Geschwistern, sowie Abenteuer-, Tier-, Wunscherfüllungs-, Flug- und Fallträume kommen häufig vor, oftmals werden auch noch nicht verarbeitete Konflikte aus der frühen Kindheit in den Träumen thematisiert. Außerfamiliäre Konflikte treten erst im Alter von etwa 10 Jahren in den Vordergrund und tauchen damit auch in diesem Alter vorwiegend in den Kinderträumen auf [14].

---

[13] Hans Hopf, 2007, S. 65
[14] vgl. Hans Hopf, 2016, S.105

3. Umgang mit den Träumen der Kinder

Träume stellen für das Kind einen wichtigen Lernprozess dar. Im Traum müssen sowohl schöne, als auch schlechte Gefühle, ja manchmal sogar gefährliche Monster, ausgehalten werden - es gibt schließlich keine Möglichkeit, einem Traum zu entfliehen. Wie auch in der Wachphase durchläuft das Kind also beim Träumen einen lebenswichtigen, automatisch ablaufenden Prozess, der im Gehirn gespeichert wird und das „Ich" ausbildet. Das Kind wird durch das Träumen auf das Leben, und damit das Lösen und Aushalten von Problemen vorbereitet. Dem Kind gegenüber kann auch erklärt werden, dass es sich - insbesondere bei den weniger schönen Träumen - um etwas Wichtiges und Normales handelt, das auf das Leben vorbereitet. Damit wird dem Kind das Erzählen erleichtert und es kann stolz sein, weil es in der Nacht mit einem Albtraum gelernt hat, Angst auszuhalten.

3.1 Träume müssen erzählt werden dürfen

Wie bereits ausgeführt werden teils Probleme für das Kind im Traum gelöst, teils werden aber auch wichtige, noch unbewusste Erkenntnisse in den Wachzustand mitgenommen und im besten Fall erzählt, damit eine weitere Verarbeitung mit Hilfe der Eltern erfolgen kann. Indem Kinder ihre Träume erzählen können, gelingt ihnen - das nötige Alter vorausgesetzt - durch das Träumen die **Abgrenzung von Traumgeschehen und Realität**.

So machen sie beispielsweise die Erfahrung, dass sie von Familienmitgliedern träumen, beim Erzählen jedoch feststellen, dass diese davon gar nichts wissen. Erst durch das Erzählen erfolgt die Unterscheidung von innerer (also dem Traum) und äußerer Handlung (der Wirklichkeit). Das Erzählen des Traumes hat also eine wichtige Bewusstmachungs-Funktion. Hierzu gehört jedoch auch, dass eine Traumerfahrung benannt und eingeordnet werden muss. Allein durch das traumerzählende Gespräch mit den Eltern wird dem Kind die im Traum neu gemachte Erfahrung noch einmal bewusst. Es kann Vergleiche mit bereits vorher gemachten Erfahrungen ziehen und kann damit eine Einordnung in bereits Bekanntes und Erlerntes vornehmen.

Darüber hinaus erlernen Kinder durch das Wertschätzen und Erzählen ihrer Träume **Flexibilität**: Die Kinder üben sich darin, ihre Traumbilder und die Handlungsabläufe des Traumes (die oft keinerlei Logik folgen) in Worte und Sätze zu fassen. Dabei muss ständig der Standort gewechselt werden, die innere Vorstellungskraft wird trainiert. Laut Ennulat überträgt sich diese Fähigkeit auch auf den Umgang im Lösen von Alltagsproblemen[15] und erweitert

---

[15] vgl. Gertrud Ennulat, Ich will dir meinen Traum erzählen, Krummwisch b.Kiel 1. Auflage 2001, S.84

damit die Handlungsmöglichkeiten, das heißt schafft flexible Handlungskompetenz.

Erwachsene unterschätzen oft, wie sehr sich Kinder tagsüber noch mit dem beschäftigen, was sie in der Nacht geträumt haben. G. Ennulat schildert in ihrem Buch die Geschichte von Alexander, der träumt, von seinem Bruder geschlagen worden zu sein. Am nächsten Morgen hat er Angst, als er seinem Bruder begegnet. Obwohl der Traum beendet ist, steckt der Erlebnisgehalt noch in dem Jungen und irritiert ihn. Ennulat führt aus, dass ein Nicht-Erzählen des Traumes zu einer unmotivierten Streiterei der beiden Brüder führen kann, weil „das unausgedrückte Traumgeschehen unbewusst weiterwirkt"[16]. Dem Erzählen der Träume wird hiermit also eine **psychohygienische Funktion** für den einzelnen und die Gemeinschaft zugeordnet.

3.2 Reaktion der Eltern auf die (erzählten) Träume

Zuhören ist wohl das Zauberwort, sich einfühlen das oberste Gebot: Eltern sollten sich - bei aller Hektik und Sorgen im Alltag - immer Zeit dafür nehmen, den Erzählungen ihrer Kinder über ihre Träume zuzuhören. Sie erfahren hierbei vieles über die Dinge, die ihre Kinder momentan beschäftigen - werden aber auch selbst gespiegelt und können so ihre Beziehung zum Kind überprüfen und gegebenenfalls korrigieren. Es wäre doch schade, wenn das Kind künftig seine Träume nicht mehr erzählen möchte, weil es bei den Eltern auf Desinteresse oder herabwürdigende Reaktionen stößt!

Wie sollen aber nun Erwachsene auf die (erzählten) Träume ihrer Kinder reagieren - insbesondere, wenn es sich um Angstträume handelt? Gertrud Ennulat sagt hierzu, dass es der falsche Zugang sei, einem Kind sein Traumgeschehen *rational* erklären zu wollen[17]. So sollten beispielsweise angsteinflössende Traumgestalten, wie zum Beispiel Monster, dem Kind **nicht ausgeredet** werden, weil sie ja vom Kind subjektiv als erlebt und existent wahrgenommen werden. Das Kind würde sich vom Erwachsenen betrogen fühlen und die Erklärungen des rationalen Erwachsenen können es gar nicht erreichen. Besser ist es, das Kind mit seiner Angst ernst zu nehmen - diese also nicht zu negieren - und auf der vom Kind erlebten Ebene eine Lösung für den Umgang mit den gefährlichen Traumgestalten zu finden. Vergleichbar mit der Art und Weise, in der man einem spielenden Kind begegnet: Spielt ein Kind zum Beispiel, es sei ein wilder Hund, so erteilt man nicht dem spielenden Kind den Befehl, nicht so wild zu sein, sondern spricht auf der Spielebene des Kindes den „Hund" an, den das Kind in seiner Erlebniswelt gerade spielt. Entsprechend könnte zum Beispiel ein Weg Traumgestalten für das Kind beherrschbar zu

---

[16] Gertrud Ennulat, 2001, S.77 f.
[17] vgl. Gertrud Ennulat, 2001, S.56

machen, darin bestehen, diese Aufzumalen und anschließend zu zerreissen (wie oben bereits am Beispiel von Eva angeführt).

Eine Übersetzung des Traumes und der darin gegebenenfalls vorkommenden Symbole in die Erwachsenensprache oder gar eine Deutung des Traumes braucht nicht zu erfolgen. Kinder sind viel mehr als Erwachsene in ihrer bildhaften Welt verhaftet. Es sollte nicht versucht werden, sie von diesen Bildern zu lösen, weil die Kinder genau damit gut aufgehoben sind und diese intuitiv richtig verstehen. Der Erwachsene sollte sich vielmehr in das Traumerlebnis einfühlen und dem Kind helfen, dieses zu bewältigen. „Im Umgang mit ihren Träumen brauchen Kinder keine Übersetzungen, sondern ein einfühlendes Umsetzen des Traumgeschehens." [18]

Kindern fällt es wesentlich schwerer als Erwachsenen, sich nach dem Erwachen von einem Traum zu lösen. Dies liegt allein an der weiter entwickelten Ratio des Erwachsenen. Werden Kinder in der Nacht von bösen Träumen gequält, können Eltern ihren Kindern helfen, indem sie dem Kind zur **Orientierungshilfe** konkrete Sinneseindrücke verschaffen. Das Einschalten einer Nachttischlampe als Orientierungshilfe bereitet den Weg vom Traum in die Realität und signalisiert „Du bist wach und liegst sicher in deinem Bett". Automatisch nehmen die Eltern ihr verängstigtes Kind in den Arm, vermitteln so Körperwärme, reden beruhigend auf das Kind ein und geben das Gefühl, nicht mehr alleine und ausgeliefert zu sein.

Auch am Morgen sollten die Kinder die Möglichkeit haben, langsam in das Tagesgeschehen übergehen zu können und ihre Träume - durch das Erzählen (wenn das Kind dies möchte) - anzunehmen und hinter sich zu lassen. Ist das Kind von nächtlichen Albträumen sehr aufgewühlt und ängstlich, ist es nach der Meinung von Hans Hopf empfehlenswert, das Kind zur Beruhigung mit in das elterliche Bett zu nehmen [19]. Eine Dauerlösung sollte dies natürlich nicht darstellen. Haben Kinder über einen **längeren Zeitraum** Träume mit einem unangenehmen Geschehen und erleben vielleicht auch noch zusätzlich im Alltag Misserfolge, haben Probleme etc., können die Eltern versuchen, das Kind zu stabilisieren, indem sie dafür Verständnis zeigen, dass das Kind über diese Situation traurig ist, ihm aber gleichzeitig erklären, dass im Leben sowie im Traum einfach ab und zu solche schwierigen Zeiten bzw. Situationen dazugehören und gemeistert werden müssen, man aber daraus im Inneren gestärkt hervorgeht.

---

[18] Gertrud Ennulat, 2001, S.57
[19] vgl. Hans Hopf, 2016, S.37

3.3 Gegenstände zur Traumbewältigung

Leiden Kinder unter Angstträumen, können auch Gegenstände wie zum Beispiel ein Traumfänger (oder auch „Traumsieb" genannt), der über das Bett gehängt wird, eine zusätzliche Hilfe darstellen. Für das Kind soll die Vorstellung geschaffen werden, dass seine schlechten Träume - wie Fische in einem Netz - im Traumfänger hängenbleiben. Hierdurch findet „das schlimme Gefühl, dem das Kind innen ausgesetzt ist, außen ein Objekt, welches das Schlimmste fängt und festhält" [20]. Bei Tagesanbruch, so soll dem Kind vermittelt werden, verbrennen die ersten Sonnenstrahlen die im Traumfänger gefangenen schlimmen Träume.

Auch hier wird die Existenz böser Träume - die das Kind ja auch subjektiv erlebt - nicht grundsätzlich verneint. Sie werden „verbrannt" und damit für das Kind besiegbar gemacht - das Böse wird gefangenen, durch den anbrechenden Tag aufgelöst und in etwas Gutes verwandelt. Dies trainiert Lebenstüchtigkeit: Das Kind nimmt den Angsttraum wahr und muss diesen Schmerz auch aushalten, erfährt aber auch, dass sich der Schmerz im Zeitablauf „auflöst" (verbrannt wird) und wieder Normalität, Sicherheit und Zuversicht vorherrschen. Diese Erfahrung macht Kinder stark - auch für Alltagsprobleme, denn sie haben ja gelernt, auch einmal etwas aushalten zu können und dass die Angst, der Schmerz wieder vergehen.

3.4 Träume, die nicht erzählt werden wollen

Träume sind etwas sehr Intimes und möchten - genau wie bei Erwachsenen - auch von Kindern nicht immer erzählt werden. Das sollte unbedingt respektiert werden - es sollte niemals ein „Träume-Abfragen" oder „Aushorchen" erfolgen, da andernfalls die Natürlichkeit verloren geht.

Ennulat weist in ihrem Buch darauf hin, dass Kinder erfahrungsgemäß sofort damit aufhören, „ihre Träume zu erzählen, wenn sie auch nur einen Anflug von Zwang spüren" [21]. Sie warnt auch davor, unbedingt wissen zu wollen, welche Rolle die Eltern im Traum gespielt haben [22]. Kann oder möchte ein Kind seinen Traum oder seine Träume nicht erzählen oder kann der Traum einfach nicht in Worte gefasst werden, schlägt Ennulat in ihrem Buch das Anlegen eines Traum-Malbuches vor [23]. Ist der ohnehin schon bildhafte Traum in ein gemaltes Bild gebannt, kann das Kind gelobt werden („Das hast Du aber gut gemalt.") und es kann sich - am Besten in einer vertrauten Situation (z.B. mit dem Kind auf dem Schoß) - mit dem Erwachsenen ein Gespräch entwickeln.

---

[20] vgl. Gertrud Ennulat, 2001, S.102
[21] Gertrud Ennulat, 2001, S.184
[22] vgl. Gertrud Ennulat, 2001, S.201
[23] siehe Fußnote 22

3.5 Märchen und Träume

Es stellt sich die Frage, ob Kindern überhaupt Märchen erzählt werden sollen, da deren Inhalte auch oft in den (Angst-)Träumen der Kinder wiederzufinden sind: Kinder erzählen häufig von märchenhaften **Schreckgestalten**, wie zum Beispiel bösen Hexen, dem Teufel oder dem Wolf, sowie von Grausamkeiten. Werden also Angstträume vielleicht erst ausgelöst durch das Erzählen beziehungsweise Vorlesen von Märchen, der Vorstellung der angsteinflößenden Gestalten und Situationen und sollte man Märchen deshalb sogar besser vermeiden?

Sowohl Ennulats als auch Hopfs Antwort auf diese Frage lautet ganz klar „Nein" [24] - und dem kann ich mich nach den folgenden Ausführungen nur anschließen. Traum und Märchen hängen dicht zusammen, da beiden eine symbolhafte Sprache gemeinsam ist. Erstaunlicherweise träumen auch Kinder, denen *keine* Märchen vorgelesen werden, von den märchenhaften Schreckgestalten. Laut Ennulat stammen die Bilder aus der „kollektiven Bilderschicht der Seele" [25], so dass gerade Märchen besonders geeignet sind, schon kleinen Kindern einen Weg der Identifikation mit (ängstlichen) Märchengestalten zu ermöglichen und damit Situationen „aushalten" und auf die innere Kraft vertrauen zu lernen. Besonders positiv ist, dass Märchen immer mit der für Kinder so wichtigen „guten" Lösung enden, die das Kind aufatmen lassen und Angst in etwas Positives verwandeln. Dem Kind werden im Märchen *Lösungsmöglichkeiten* aufgezeigt. Märchen und Träume haben damit die gleiche Funktion in der Entwicklung des Kindes: Den unbewussten Erwerb von Kompetenzen, die für den Umgang mit Alltagssituationen befähigen.

---

[24] vgl. Gertrud Ennulat 2001, S.204 f. und Hans Hopf, 2016, S.89
[25] Gertrud Ennulat, 2001, S.204

4. Luzides Träumen („Klarträumen")

Nicht nur Erwachsene, sondern auch Kinder können unter massiven Albträumen leiden. Der Albtraum ist ein Traumerlebnis voller Angst und Furcht, der die Menschen in der zweiten Nachthälfte während einer langen REM-Phase heimsucht und (anders als bei schlechten Träumen) immer zum *Erwachen* führt.

Inhalt von Albträumen ist meist eine massive Bedrohung des Lebens, der Sicherheit oder des Selbstwertes. Wodurch genau Albträume entstehen (z.B. Angst, Stress, innere Konflikte, eingenommene Substanzen etc.), ist bis heute nicht abschließend geklärt[26] - soll aber hier auch nicht weiter thematisiert und untersucht werden.

Holzinger weist darauf hin, dass im Alter zwischen fünf und zehn Jahren das Vorkommen von Albträumen am höchsten ist[27]. Eine Möglichkeit der Überwindung von Albtraumwelten bei Kindern stellt das sogenannte **„luzide Träumen"** dar. In einer Studie Holzingers konnte nachgewiesen werden, dass das luzide Träumen ein „hochpotentes Mittel zur Albtraumbewältigung" sei [28].

4.1 Was versteht man unter einem luziden Traum?

Ein luzider Traum ist ein Traum, in dem sich der Träumer darüber bewusst ist, dass er träumt und dazu in der Lage ist, sowohl das Traumgeschehen zu beeinflussen als auch sich bei Bedarf zu wecken. Das heißt, dass die Erinnerung an das Wachleben vollkommen intakt ist und der Träumer nach eigenem Entschluss handeln kann, sofern er dies möchte.

4.2 Luzides Träumen erlernen

Dr. B. Holzinger vergleicht das luzide Träumen mit einer „Geistesdisziplin, die wie ein Muskel trainiert werden muss"[29]. Ausreichend Schlaf sowie der Verzicht auf Alkohol und Zigaretten sind Grundvoraussetzung. Vor allem muss man sich Zeit lassen, sich ganz auf das Träumen einzulassen und nur wenn man lernt den Zustand des luziden Träumens auszuhalten, könne es einem gelingen. Es kann hilfreich sein, sich regelrecht in den Schlaf zu atmen und sich bewusst zu machen, dass man luzid träumen wird, sich so etwas wie „Ich weiß nächstes Mal, dass ich träume." zu sagen.

---

[26] vgl. Dr. Brigitte Holzinger, Albträume, München, 1.Auflage 2013, S.17
[27] vgl. Dr. Brigitte Holzinger, 2013, S.23
[28] vgl. Dr. Brigitte Holzinger, 2013, S.222
[29] vgl. Dr. Brigitte Holzinger, Der luzide Traum, Wien 3. Auflage 2014, S.114

Holzinger nimmt Bezug auf den Traumforscher und Psychologen Paul Tholey, der anführt, dass die eigentliche Kunst des Klarträumens darin bestehe, die sogenannte „Phase des Trixers" zu überwinden[30]. Dr. Holzinger führt an, dass es gerade für Kinder sehr leicht sei, das luzide Träumen zu erlernen, da „ihre Traumwelten, Phantasiewelten und die Realität kaum voneinander zu unterscheiden sind"[31] und das luzide Träumen damit für sie fast schon ein „natürlicher Vorgang" sei. Sie erklärt, dass der Zustand des luziden Träumens auf mehrere Arten herbeigeführt werden kann und bezieht sich hierbei auf den amerikanischen Psychologen Stephen LaBerge:

Als „wake initiated lucid dreams" werden luzide Träume bezeichnet, die während des Wachzustandes eingeleitet werden, das heißt es wird beim Einschlafen versucht das Bewusstsein aufrechtzuerhalten („**WILD**"-Technik). Der Träumer visualisiert beim Einschlafen etwas und konzentriert sich anschließend darauf diese Visualisation mit in den Traum zu nehmen - es ist folglich eine bewusstseinserhaltende Technik.

Die „dream initiated lucid dreams" sind luzide Träume, die aus dem Traum heraus eingeleitet werden, das heißt der Träumer schläft normal ein und erlangt im Traum selbst die Erkenntnis, dass er träumt („**DILD**"-Technik). Folglich ist dies eine bewusstseinsgewinnende Technik und stellt den Gegensatz zu der oben aufgeführten „WILD"-Technik dar.

Bewusstseinserhaltende als auch bewusstseinsgewinnende Ausprägungen kann die „**MILD**"-Technik (Mnemonik Induktion of Lucid Dreams) haben und wird direkt nach dem Erwachen aus einem Traum angewendet. Der Träumer imaginiert seinen Traum, erlebt ihn sozusagen noch einmal, wobei er sich vorstellt, luzide zu werden und das Ziel hat, durch Autosuggestion - also der Prozess, durch den eine Person ihr Unbewusstes trainiert, an etwas zu glauben - zu binden, indem er sich sagt „Nächstes Mal, wenn ich träume, möchte ich mich daran erinnern, dass ich träume."[32].

Laut Dr. Brigitte Holzinger weisen Träume und dabei insbesondere luzide Träume große Ähnlichkeiten mit Entspannung auf, sie seien „teilweise aus demselben Stoff"[33] wie Entspannungen gemacht, somit müssten luzide Träume auch durch Zustände der Tiefenentspannung wie **Hypnose** und **Meditation** beeinflussbar und förderbar sein. An dieser Stelle nimmt Holzinger Bezug auf den Begriff der „Trauminkubation", der seit dem antiken Griechenland bekannt ist und wobei Trauminhalte herbeigeführt werden.[34] Hierbei sollte erwähnt werden, dass Träume keinesfalls „machbar", jedoch definitiv „wünschbar",

---

[30] vgl. Dr. Brigitte Holzinger, 2014, S.114
[31] Dr. Brigitte Holzinger, 2014, S.39 f.
[32] vgl. Dr. Brigitte Holzinger, 2014, S.109
[33] Dr. Brigitte Holzinger, 2014, S.109
[34] vgl. Dr. Brigitte Holzinger, 2014, S.109

„erwartbar" oder „beeinflussbar" sind, da man selbst für einen Traum verantwortlich ist.

In Anspielung auf Sigmund Freud muss angemerkt werden, dass der Mensch in einer Phase der Tiefenentspannung, folglich auch in Träumen das „Ich" verliert. Holzinger führt bezogen auf das luzide Träumen den Begriff „paradoxes Träumen"[35] an, da dies „ähnlich wie Hypnose, Meditation und jede andere Form der Trance, Tiefenentspannung bei hoher Konzentration"[36] sei. In einem luziden Traum geht es vor allem darum, dieses „Ich" zu bemerken und mit seiner Hilfe Entscheidungen im Traum zu treffen. Somit können Tiefenentspannung und luzides Träumen als „ähnliche Seinszustände"[37] verstanden werden, was wiederum die Häufigkeit spontan auftretender luzider Träume bei Menschen, die meditieren, erklären könnte. Nun kann davon ausgegangen werden, dass die oben angeführten Zustände gegenseitig beeinflussbar sind - Dr. Brigitte Holzinger nennt das Beispiel der Beeinflussung eines luziden Traumes durch einen vor dem Einschlafen ausgeführten posthypnotischen Auftrag (Beispiel LaBerge: „Das nächste Mal, wenn ich träume, weiß ich, dass ich träume.")[38].

4.3 Kritik am luziden Träumen

Kritiker sehen in der Möglichkeit des luziden Träumens die Gefahr, dass der natürliche Traumvorgang gestört werden und Schädliches verursacht werden könne, wenn man sich im Traum des Träumens bewusst werde und etwas ändert. Holzinger führt dagegen an, dass die Häufigkeit luzider Träume pro Woche begrenzt sei, und damit ausreichend Zeit für Nichtklarträume bleibe [39].

---

[35] vgl. Dr. Brigitte Holzinger, 2014, S.110
[36] Dr. Brigitte Holzinger, 2014, S.110
[37] vgl. Dr. Brigitte Holzinger, 2014, S.110
[38] vgl. Dr. Brigitte Holzinger, 2014, S.110
[39] vgl. Dr. Brigitte Holzinger, 2014, S.220

5. Schlussteil

Kinderträume sind ein ernstzunehmendes Thema, das es wert ist, Beachtung zu finden. Eltern, die Kinderträumen keine Beachtung und Zeit widmen und diese nicht ernst nehmen, sollten schnell lernen umzudenken, weil sie ansonsten den natürlichen Entwicklungsprozess ihrer Kinder negativ beeinflussen können oder zumindest Chancen, ihre Kinder stark für das Leben zu machen, ungenutzt lassen. Das Zuhören erlebter Träume und der sensible Umgang mit den Trauminhalten sollte zur Alltags-Routine im häuslichen Umfeld werden, insbesondere weil es so einfache Wege gibt, mit Kinderträumen pädagogisch sinnvoll (zum Beispiel durch das Malen der Monster mit anschließendem Zerreissen) ohne großen Aufwand umzugehen.

Die Technik des luziden Träumens für Kinder erlernbar zu machen, halte ich für sehr schwierig, weil Wach- und Traumleben insbesondere für kleinere Kinder wie ausgeführt ineinandergreifen und schwer zu trennen sind. Die erforderliche Bewusstmachung des Träumens könnte dem Traum seine Natürlichkeit nehmen. Entscheiden sich Eltern dennoch für diese Methode, sollte Unterstützung durch Experten hinzugezogen werden.

Literaturverzeichnis

Ennulat, Gertrud:
Ich will dir meinen Traum erzählen - Mit Kindern über Träume sprechen,
Königsfurt Verlag, 2001

Freud, Sigmund:
Schriften über Träume und Traumdeutungen, Fischer Verlag, 7. Aufl., 2006

Holzinger, Dr. Brigitte:
Der luzide Traum - Forschung und Praxis, facultas.Verlag, 3. Aufl., 2014

Holzinger, Dr. Brigitte:
Albträume - Was sie uns sagen und wie wir sie verändern können,
Nymphenburger Verlag, 2013

Hopf, Hans:
Träume von Kindern und Jugendlichen - Diagnostik und Psychotherapie,
Kohlhammer Verlag, 1. Aufl. 2007

Hopf, Hans:
Kinderträume verstehen, Mabuse-Verlag, 2. Auflage, 2016

Korte, Lavinia:
Kinderträume - Phänomene des Kinderlebens, Studienarbeit, Grin-Verlag

Mertens, Wolfgang:
Traum und Traumdeutung, Verlag C.H.Beck, 1999